가을비 지나간 뒤

가을비 지나간 뒤

초판 1쇄 발행 2017년 12월 25일

지은이 강돈희
발행인 권선복
편 집 심현우
디자인 서보미
전자책 천훈민
발행처 도서출판 행복에너지
출판등록 제315-2011-000035호
주 소 (07679) 서울특별시 강서구 화곡로 232
전 화 0505-613-6133
팩 스 0303-0799-1560
홈페이지 www.happybook.or.kr
이메일 ksbdata@daum.net

값 15,000원
ISBN 979-11-5602-563-4 (03810)

Copyright ⓒ 강돈희, 2017

* 이 책은 저작권법에 따라 보호받는 저작물이므로 무단전재와 무단복제를 금지하며, 이 책의 내용을 전부 또는 일부를 이용하시려면 반드시 저작권자와 〈도서출판 행복에너지〉의 서면 동의를 받아야 합니다.

도서출판 행복에너지는 독자 여러분의 아이디어와 원고 투고를 기다립니다. 책으로 만들기를 원하는 콘텐츠가 있으신 분은 이메일이나 홈페이지를 통해 간단한 기획서와 기획의도, 연락처 등을 보내주십시오. 행복에너지의 문은 언제나 활짝 열려 있습니다.

가을비 지나간 뒤

강돈희 시詩집 7

꿈을 찍는 사진쟁이가 엮은
소소한 삶의 속살거리는 이야기들

시인의 말

갱상일층루更上一層樓

갱상일층루….
당나라 시인 '왕지환'의 시 「등관작루登雀雀樓」에 나오는 시구로 더 멀리 보기 위하여 누각 한 층을 더 올라간다는 뜻입니다.
저도 더 높고 더 좋은 시가 있는 곳을 향해 한 층을 더 오르려 합니다.

조금씩 조금씩 앞으로 나아가고 있습니다.
그렇게 믿고 있습니다.
어느 순간, 어느 지점에서 더 이상 앞으로 나아가지 못하고 머무르는 것은 아닌가? 끊임없이 되돌아보곤 합니다.
2보 전진을 위한 3보 후퇴를 하게 될 수도 있을 것입니다.
하지만 그렇더라도 그 자리에 주저앉거나 멈추지는 않을 것입니다.

시가 기다리고 있는 그곳을 찾아 오늘도 작은 발걸음을 떼어 봅니다.
시를 찾아 나서는 길이 즐겁습니다.

시를 좋아하면서, 시를 자주 대하면서 점점 더 맑아져 가는 자신을 느낍니다.
모든 분들이 시를 좋아했으면 좋겠습니다.
시를 좋아하고 더 나아가 즐길 수 있게 된다면 같이 기쁘겠습니다.

조금이라도 더 좋은 시를 쓸 수 있도록 더욱 노력하겠습니다.
보다 더 좋은 시가 나올 수 있도록 아낌없는 격려와 질책을 당부드립니다.

동지를 향해 가는 밤이 길어지고 있듯이
시를 찾아가는 저의 길도 길어지고 있습니다.
좀 더 힘을 내야겠습니다.

고맙습니다!

2017. 11. 눈 내리는 가을날 채선당에서

강돈희

시인의 말

CONTENT

시인의 말 • 4

제1부
가을비 지나간 뒤

가을비 지나간 뒤 • 12
어떤 죽음 • 14
가치 • 16
넣고 빼기 • 18
반려 • 20
갈무리 • 22
소예 • 24
한 권의 시집 • 26
여자는 늙지 않는다 • 28
아침 인사 • 30
가을마당 • 32
구겨진 삶 • 34
종소리 • 36
의문 • 38
가치 • 40
뒤집힌 세상 • 42

그리움 • 45
엉뚱한 길 • 46
수정이 안 되는 사람 • 48
저격수 • 50
어떤 부자 • 52
목마름 • 54
여운 • 57
잠자리의 행복 • 58
송우리 장터에서 • 60
자식 농사 • 62
동강 난 하늘 • 64
아버지의 벌초 • 66
콩 타작 • 68
쇼핑 • 70
식사 후에 • 72
그때 그곳에 • 75

제2부
부전자전

순화 • 78
나는 기계다 • 80
소회 • 82
부전자전 • 84
인연 • 87
나는 남자 • 88
기지개 • 90
동태 • 92
강아지의 세상 읽기 • 94
아버지의 병(病) • 96
하던 일손 잠시 멈추고서 • 98
그 자리에서 • 100
큰 죄 • 103
버려진 것들 • 104
어떤 의무 • 106
발명 • 108

확실한 이유 • 110
수납 • 112
오랜 사랑 • 114
펑크 • 116
부서진 꿈 • 118
속 타는 가을 • 120
나에게 주는 경고 • 122
아쉬움 • 124
분양 • 126
횡재 • 128
부끄러운 하루 • 131
밥도 사랑도 • 132
당연한 현상 • 134
잔향 • 136
나는 나비다 • 138
엄마 고추장 • 140

제3부
평생을 두고 멀리한 것

먼지 한 점 · 144
뻥쟁이 · 146
싹수 · 148
기다림 · 150
엿 먹기 · 152
가능성 제로 · 154
감투 · 156
만족하며 살기 · 158
찬란한 이유 · 160
나의 바람 · 162
코리안 타임 · 164
자격 · 166
무관심 · 168
복권 맞으면 · 171
누르기 · 172
별천지 · 174

낭송의 낭만 · 176
조임 · 178
평생을 두고 멀리한 것 · 180
선택 · 183
강아지도 아프다 · 184
김장의 힘 · 187
바람 · 188
1 / 11 · 190
강아지에게 · 192
대한민국은 · 194
함부로 생각한 죄 · 196
고마운 입 · 198
살의 · 200
어떤 시련 · 202

시평 · 204
출간후기 · 210

제1부

가을비 지나간 뒤

가을비 지나간 뒤

가을비 내리는 11월의 청성공원
그곳의 정취에 아무 관심이 없으시군요

가을비가 잠시 머물다 간
그곳의 쓸쓸함을 모르시는군요

비에 젖어 흐느껴 울던 가랑잎의
그 애절한 울음을 잊으셨군요

잎새마다 아롱진 빗방울들의
감추어진 마음을 알고 싶지 않으시군요

천둥과 번개 노래하며 지나간
그 숙연했던 시간들을 어느새 지우셨군요

햇빛도 사라져 밤인 양 어두워진 공원
그 속에서의 청아했던 낭송이 그새 잊혀졌군요

손에 들었던 소중했던 시어들 모조리 빠져나가
마음도 텅텅 비었음을 그대 아시는지요

제1부 가을비 지나간 뒤

어떤 죽음

예쁜 여자가 죽었다
삼진이었다

귀여운 여자도 죽는 줄 알았으나
겨우 살았다
1루수 실책으로

남자같이 우람한 여자는
한 방에 홈런을 칠 줄 알았는데
헛방맹이만 연신 돌렸다
완전 꽝이었다

세상엔 죽는 일이 허다하다
야구장에선 탄성 속에 매일 사람이 수없이 죽는다

장례도 치르지 않는 애틋한 죽음이다

* 한국 여자야구의 비약적인 발전을 기원합니다.

제1부 가을비 지나간 뒤

가치

억이란 돈이 껌 값으로
치부되는 세상에서

단돈 천 원짜리 한 장은
어쩌면 돈이 아닐지도 모른다

세상에서 가장 만만한 게
천 원짜리인가 보다

어두운 땅속을 달리는 지하철
하늘도 없는 그곳에

소음과 먼지를 먹고 사는
가난한 꽃들이 있다

퇴계가 모셔져 있는 지폐
누구나 쉽게 쓰고 가질 수 있는 돈

아무것도 아닌 것 같아도
알고 보면 그것도 큰 돈

시끄럽고 혼잡한 전철 안
수많은 승객들 틈에서

초라한 천 원짜리 지폐가
서민들의 삶에 활기를 지핀다

겨우 천 원짜리 한 장으로 모시는
저 싸구려 물건들이

우리네 삶을 지탱하는 힘이 되고
새로운 희망과 용기를 주는 양식이 된다

너무 흔해 빠져 가치 없는 돈이
세상에서 가장 가치 있게 쓰이고 있다

넣고 빼기

인생은 넣는 것에서부터 시작된다

돈도 먼저 저축을 해야만
나중에 빼 쓸 수 있다

아침에 차 키를 꽂으며 시동을 건다
운전을 하려면 먼저 시동을 걸어야 한다

키를 꽂고 빼는 일이 인생과 같다

뭐든지 넣지 않고 이뤄지는 일은 없으며
꽂거나 박는 일도 또한 그러하다

무릇 인류의 역사는 거기서부터 비롯되었다
자, 이제 전기 스위치를 넣어야겠다

어둠을 걷어내고 밝은 하루를 여는 일은 거룩하다

제1부 가을비 지나간 뒤

반려

갑자기 풍으로 쓰러진 86세의 지어미
놀란 가슴으로 병실 찾은 90세의 지아비

함께한 72년의 긴 세월
마주친 눈길 속에 녹아 있는 인생살이

한쪽 가슴 무너져 그 빈자리 너무도 크고
허전하고 시린 마음 달랠 길 없는데

부딪치는 눈길 속에 주고받는 사랑
나누는 말은 한마디 없어도

누워 있는 지어미 손 지긋이 잡은
지아비 눈에 눈물만 뚝 뚝

누워 있는 지어미 눈에도 눈물만 줄 줄

제1부 가을비 지나간 뒤

갈무리

아직도 시퍼런 방울토마토와 오이를 뽑는다
살아 있는 것의 숨통을 끊는 일이 아리다

모종을 심고 말뚝을 박고 가지를 묶고
지난 세월이 주마등처럼 스쳐 간다

말뚝을 뽑고 묶었던 끈을 풀면서
한 시절이 덧없이 지나갔음을 절감한다

새삼 세월의 무상함에 가슴 한편이 저미는데
불현듯 날아든 한 마리 잠자리가 허공을 희롱한다

가만히 스며드는 땀으로 옷이 젖어갈 즈음
지나가는 객이 그 자리에 무얼 심을지 관심을 보였다

소예

이름이 참 예쁘다
마음도 예쁠 것 같다

이름이 예쁜 사람을 만났다
지금까지 내가 아는 이름 중에 가장 예쁘다

한 번 불러 보고 싶다
예쁜 그 이름

박 소 예
부르는 소리도 예쁘다

울림도 예쁘다

제1부 가을비 지나간 뒤

한 권의 시집

마라톤 풀코스 완주는
한 권의 시집

42.195km를 달리는 일은
한 권의 시집을 내는 일과 같다

한 권의 시집이
아름다운 시어들로 채워진 것이라면

한 번의 마라톤 완주는
큰 고통과 긴 인내로 이루어진 결실이다

시집은 시로만 쓰이는 것이 아니다.
뜨거운 눈물과 피와 땀으로 만들어지는 것이다

시인이 갈고 다듬은 글로 시를 쓰듯이
마라톤 선수는 터질 듯한 심장으로 시를 쓰는 것이다

전시회를 여는 일도 시집을 내는 일과 같아서
한 번의 개인전은 곧 한 권의 시집이다

제1부 가을비 지나간 뒤

여자는 늙지 않는다

치마를 입는 한 여자는 늙지 않는다
나이 칠십 넘어 할머니 되어도
치마를 입는 한 그녀는 언제나 멋진 여자다
씩씩하게 다리 드러낼 줄 안다면
그녀를 어찌 늙었다 하랴

치마를 사랑하는 한 여자는 아름답다
치마 입는 일이 어찌 남자들만을 위한 일이더냐
바지로도 충분히 아름다울 수는 있으나
다리 드러내는 치마를 어찌 당할 수 있으랴
치마를 즐기는 한 여자는 언제까지나 젊은 여자로 산다

아침 인사

집사람이 강아지를 안고 있었다
"다녀올게"
강아지에게 인사를 하면서 머릴 쓰다듬었다

"다녀올게" 똑같은 인사를 또다시 하면서
이번엔 집사람 머릴 쓰다듬었다
집사람이 호호 웃었다

집을 나서는 나도 미소 지었다.
월 월월 잘 다녀오세요
해맑은 강아지 인사가 뒤에서 상큼하게 날아왔다

제1부 가을비 지나간 뒤

가을마당

도리깨 춤추어 콩 타작 끝낸 마당
여기저기 사방엔 튕겨져 나간 콩들 반짝이고
멍석 주변엔 온통 부서진 콩깍지와 콩대 부스러기들

어수선한 마당을 큰 댑싸리비로 한 차례 쓸고 나면
가을이 다녀간 듯 차분해지는 마음
빗질 자국 선연한 마당가에 시원한 갈바람이 분다

오늘따라 하늘은 유난히 푸르고 높아
일 년 농사 마무리하는 늙으신 아버지 주름진 얼굴에
흐뭇한 미소 한 송이 함박꽃으로 영롱히 피어난다

구겨진 삶

구겨진 옷을 입어 본 사람은 안다
구겨진 옷을 입으면
마음도 구겨지고 하루가 구겨진다는 것을

반듯하게 옷 다려 입는 이유는
그래야 마음도 반듯하게 잡혀지고
하루를 반듯하게 보낼 수 있기 때문이다

접히고 꾸겨진 옷을 보면
입고 싶은 마음이 사라지는 이유도
그 옷을 보는 순간 이미 마음이 구겨졌기 때문이다

종소리

종은 절에서만 울리는 것이 아니다.
주변에 울리는 종 너무 많다
밥 다 먹고 남은 주발과
라면 끓였던 양은냄비에서도
맑은 종소리 난다

밥 다 먹고 난 다음 들리는 종소리는
해탈로 이끄는 법문 아니지만
잠시나마 일상으로부터 벗어나는
청아한 귀동냥 된다
에밀레종 소리 부럽지 않다

밥그릇에서 울리는 저 종소리
해맑은 행복이 그 속에 깃들어 있음을
천국은 언제나 내 주변에 있음을
가슴으로 깨닫게 해 준다
큰 범종 소리는 언제나 마음에서 울리는 것이다

제1부 가을비 지나간 뒤

의문

이해가 안 가요
올림픽에서 금메달 따고
눈물 흘리지 않는 선수들을 보면

시상대에 올라 자랑스러운 금메달 목에 걸고
태극기가 게양대에 높게 올라가고
마침내 애국가가 경기장 가득 우렁차게 울려 퍼지는데

어떻게 그 순간 그 감격에 눈물이 나지 않는지
정말 이해가 안 가요 아무리 이해하려 해도
선수도 아닌 나는 그 생각만 해도 이렇게 눈물 맺히는데

가치

돈은 적게 벌어도

역도가 골프보다 더 아름다운 이유는

인간의 한계에 도전하는 스포츠이기 때문이다

뒤집힌 세상

뒤집혀졌네 온 세상이
발칵

대한민국은 기뻐서 뒤집혀지고
일본은 슬퍼서 뒤집혀졌네

온 세상이 홀랑 뒤집혀졌네
스무 살 대한민국 처녀 김연아 때문에

그리움

나 어릴 적엔 비만 오면
빨간 우산, 파란 우산, 찢어진 우산이 다녔지
좁다란 골목길 누비고 다녔지

중년이 된 지금은
검정 다리, 하얀 다리, 싱싱한 맨다리가 휩쓸고 다니지
한겨울에도 다리들만 쌩쌩히 살아 다니지

좁다란 골목길 수놓던 가랑이 찢어지던 가난은
어느샌가 사라지고 없지만
무엇 때문일까 문득문득 그 시절이 못내 그리워지는 건

엉뚱한 길

늘 엉뚱한 길만 갔다
제대로 된 길 가려 했으나
돌아보면 늘 샛길이거나 뒷길이었다

생각은커녕 상상도 못 했던
아무런 준비도 없이
맞닥트려 무작정 가야만 했던 길 아닌 길

재미와 기쁨이 없었던 건 아니지만
항상 조바심과 후회 속에
뿌리 없이 들뜬 풀처럼 헛수고로 살았다

오늘 내 인생이 이렇게
배배 꼬이게 된 이유는 오직 하나
엉뚱한 길만 기를 쓰고 골라서 찾아다닌 덕이다

수정이 안 되는 사람

수정이 안 되는 사람이 있다
한 번 정하면
막 바로 해야 하는
우리 아버지 같은 사람

수정이 어려운 사람도 있다
한 번 택하면
그대로 해야 직성이 풀리는
우리 조카 같은 사람

수정이 복잡한 사람도 있다
마음 너무 약해서
이랬다저랬다
갈피를 못 잡는 나 같은 사람

수정을 싫어하는 사람도 있다
한 번 틀리면
더 이상 시도하지 않는
새로운 변화를 두려워하는 사람

수정을 거부하는 사람도 있다
고집 너무 세서
옛날 방식 버리지 못하는
시대와 동떨어진 외딴섬 같은 사람

수정을 모르는 사람도 있다
앞뒤 꽉 막혀
뭐가 문제인지도 모르는
혼자만 잘난 누구 닮은 그 사람

저격수

우리 집엔 저격수가 있다
백발백중의 솜씨
모든 문제를 한 방에 끝낸다

언제부터 그대가 저격수가 되었는지
함께 사는 나도 모른다
무슨 까닭 때문인지도 모른다

우리 집 저격수는 말이 없다
오직 솜씨로 말할 뿐
저격수가 있는 우리 집이 나는 무섭다

어떤 부자

37조 차량 주인
번호판만 봐도 배부르다

38조 차량 주인
내가 한 끗발 위지 흐흐흐

99조 차량 주인
까불지들 마 내가 제일 부자여

- 솔직히 99조 차량은 못 봤고, 97조 차량까지는 봤다.

목마름

감동을 잘 하는 가슴은
따뜻합니다

감동이 쌓여 있는 가슴은
언제나 봄입니다

감동을 못 해 본 가슴은
차갑습니다

감동이 뭔지 모르는 가슴은
언제나 겨울입니다

오늘도 내 가슴은
감동에 목말라 합니다

끝나지 않는 이 목마름
저 바다를 다 마시면 풀릴까요

여운

전시회 한 번 마치고 나면
그 기쁨의 잔물결이 일 년은 가고

시집 한 권 출판하면
그 감동의 여운이 삼 년은 가는데

아무리 맛있는 식사를 배터지게 먹어도
그 즐거움은 길어야 한두 시간

그걸 위해 우린 너무나 많은 걸
대가로 지불하며 산다

금보다도 귀한 시간과 큰돈 들여야 하고
부지런히 발품 팔아야 한다

길어야 서너 시간 지나고 나면
거품처럼 사라지는 그 기쁨을 위하여

잠자리의 행복

잠자리도 따스한 곳 좋아한다
햇살 포근한 날
극세사 이불 빨아 널었더니
잠자리 서너 마리 찾아와 갈 줄 모른다
평화롭게 낮잠 즐긴다

잠자리도 아늑한 것 좋아한다
바람 한 점 없는 날
홑 이부자리 말릴 양 널었더니
잠자리 한 쌍 마치 제집인 듯 사랑 나눈다
한가히 인생사 노래한다

잠자리도 한적한 곳 좋아한다
하늘 푸르게 드높은 날
폭신한 담요 일광욕시킬 양 널었더니
외로운 잠자리 한 마리 고독의 낭만을 향유한다
사뿐히 접은 날개 위에 가을햇살 눈부시다

제1부 가을비 지나간 뒤

송우리 장터에서

포천 송우리 5일 장터
사람들 북적이는 시장 한복판에서
달콤한 호떡이 지글지글 구워지고 있었다

아줌마가 반죽에 설탕을 넣어 판 위에 올려놓으면
아저씨가 꾹꾹 누르고 뒤집어가며 익힌 다음
봉투에 넣는 마무리까지 하셨다

기름 묻은 손이 돈에 닿으면 안 좋다고
계산도 스스로 하는 자율판매를 하고 있었다
신선한 모습에 엔돌핀이 쏟아졌다

온종일 서서 일하고 있음에도
조금의 흐트러짐도 없이
척척 손발 맞는 모습이 이젠 이골 났음을 알겠다

시끄럽고 어지러운 시골 장터
발길에 부대끼며 분주히 오고가는 사람들 속에서
그저 묵묵히 호떡을 굽고 있는 중년 부부

세상은 저렇게 마음을 합치며 살 일이다
큰돈 되지 않아도 조금은 부끄럽고 몸은 고달파도
마음만 맞는다면 이 세상 무엇이 문제이랴

불판 위에서 노릇노릇 구워지고 있는 호떡이
오늘따라 더욱 달콤하게 보이는 것은
중년 부부의 고단한 삶이 고스란히 녹아 있음이다

자식 농사

내 맘대로 안 되는 것 중 제일은 자식 농사라
윗동네 어느 집엔 딸만 다섯이고요
아랫 마을 어느 집엔 아들만 다섯입니다

삼신 할매 심통도 고약하시지
딸 많은 집에 아들 하나 점지하시고
아들 많은 집엔 딸 하나 점지하시면 어디 덧나나

칠 남매씩 낳은 집도 수두룩한데
외동딸이나 독자로 자란 사람도 부지기수
달랑 형제만 있는 우리 집도 적적하기는 마찬가지

나고 죽음이야 다 하늘의 뜻
형제자매들 많아도 우애가 돈독하면
바람 잘 날 없어도 좋으리 자식 농사 잘 지으셨구먼

동강 난 하늘

넓고 푸른 하늘
제트기 한 대에 제압당했다

조용하던 세상
한순간에 산산이 찢어지고

멀쩡하던 하늘
순식간에 두 동강 났다

날카로운 비명 가득한 허공
남은 건 희고 긴 비행운 한 줄기

아버지의 벌초

아흔셋 되신 아버지
올해도 할아버지 묘소에
벌초를 하셨다

지팡이로 의지하고
갈퀴로 갈무리 하시면서
할아버지 만나셨다

깜빡 잊고 낫도 두고 오셨지만
맨손으로 풀 뽑으며
봉분 매만져 다듬으셨다

그만하면 훌륭하다
허허허 너털웃음 웃으시며
흐뭇해하셨다

오그라진 아버진 내년에도
또 할아버지 만나러 꼭 오실 것이다
여전히 지팡이에 의지한 채로

콩 타작

때린다
튄다

저 멀리
도망간다

뜨거워서
아파서

견딜 수가
없어서

도리깨
신바람에

꼬투리 쩍쩍
벌어지고

검정 밤콩
노랑 메주콩

퍼렇게
시퍼렇게

사방팔방
통 통

마당은 온통
콩투성이

쇼핑

중독이다
빠져나오기 힘든 함정이다

덫이다
헤어나지 못할 올가미다

아편이다
다시는 끊을 수 없는 마약이다

천국이다
끝없이 추구하게 되는 목적이다

행복이다
죽어도 좋은 꿈같은 사랑이다

식사 후에

식사 후에
'끝'이라고 말하면
맛있게 다 먹었다는 뜻이고

아무 말도 없이
일어나면
그냥 끼니만 때웠다는 뜻이고

무표정하게
고개 들고 앉아 있으면
뭔가 아쉬움이 많다는 뜻이고

얼굴빛이
벌레 씹은 표정이면
맛이 없어 억지로 먹었다는 뜻이고

먹던 수저를
쿵 소리 나게 내려놓으면
마땅치 않아 불만이 가득하다는 뜻이다

제1부 가을비 지나간 뒤

그때 그곳에

송편만 한 알밤들이
툭툭 떨어져 내리던 날

새끼 두더지 한 마리
내 눈에 띄었지

뽀송뽀송한 회색 잔털이
유난히 고와 보였어

작은 풀잎 사이로 숨었지만
그건 숨은 게 아니었어

겁에 질려 납작 엎드려서
눈만 껌뻑이고 있었지

잡으려면 얼마든지
잡을 수 있었어

숨이나 제대로
쉬고 있었는지 몰라

가녀린 생명이 그때 그곳에 있었지
지금도 그곳에 사는지 몰라

제2부

부전
자전

순화

착한 여자 보고 있으면
내 눈길도 착해지고

예쁜 여자 보고 있으면
내 마음도 예뻐진다

고요한 사진 보고 있으면
내 마음도 고요해지고

평화로운 그림 보고 있으면
내 마음도 평온해진다

시 같은 세상 꿈꾸고 있으면
내 마음도 시가 되고

감사한 일 생각하고 있으면
내 마음은 이내 조용한 하늘이 된다

나는 기계다

나는 기계다
어느 틈엔가 나도 모르게
기계가 되었다

카메라만 잡으면
일정 수준의 작품을 만들어내는
사진쟁이가 되었고

펜을 들으면
백지 위에 고만고만한 시를 지어내는
어쭙잖은 시인도 되었다

전원을 넣으면 작동하는 기계처럼
카메라를 잡고 펜을 들어서
사진을 찍어내고 시를 지어내는 기계가 되었다

소회

나는 언제쯤 인간이 되나?
삼십 대 초반에 느낀 소회였다

세월이 덧없이 흘러
강산이 두 번 더 변한 후

오십 중반이 된 지금 느끼는 소회는
너, 인간 되려면 아직도 멀었다!

부전자전

네가 아비를 조금이라도

닮았다면

너도 눈물 많을 게다

인정 많아 모질지 못할 거다

순발력 뛰어나 운전도 잘할 거다

인연

옷깃 스치지 않아도
인연이 된다

네가 앉았던 자리
네가 머물렀던 그 자리

따스한 체온 고스란히
남아 있는 고마운 빈자리

누군지는 몰라도
네가 앉았다가 간 그 자리

옷깃 스치지 않았어도
온기만으로도 고마운 인연이 된다

나는 남자

치마란 말만 들어도
귀가 번쩍 뜨이는 것을 보면
나는 분명 남자다

바지를 입고 사는 나는
치마가 언제나
궁금하다

통으로 만들어져
짧을수록 더욱 매혹적인
모양도 다양한 치마

그 속이 늘 그리운
나는

나는 남자다

기지개

긴 겨울잠을 잔 동백이 하나둘 벙그러지기 시작했다
동백이 벙그러지기 시작하는 것을 보니
봄이 오긴 왔나 보다

양지녘 돌 틈 사이 민들레도 피었다
겨우내 보온을 책임졌던 두꺼운 옷들은 전부
아내의 손을 거쳐 옷장으로 갔다

별로 춥지도 않았던 이번 겨울
긴 겨울잠에 빠졌던 내 시詩도 깨어나야 한다
우수 경칩 지났으니 서둘러 뿌리박고 새 움 틔워야 한다

동태

꽁꽁 언 동태가 달린다

허옇게 성에가 가득 낀 채로
허연 연기를 푹푹 꽁무니로 내뿜으며
가쁘게 길을 달린다

영하로 뚝 떨어진 날씨
모든 생명들 숨죽이는 매서운 이 추위에
온기 없는 밖에서 노숙을 했나 보다

밤새 얼마나 추웠을까
얼마나 떨며 날이 새기를 기다렸을까
이를 앙다물며 버티었겠지

피눈물을 흘렸을 거야 아마
온몸이 조금씩 조금씩 서서히 식어 갔겠지
마침내 꽁꽁 언 동태가 되어서야 아침을 맞았을 거야

저렇게 잔뜩 언 몸을 이끌고
또다시 생활의 전선으로 뛰어들어
이 험하고 모진 세상 속으로 달려가고 있네

꽁꽁 언 동태가 펄펄 살아서 움직이네

강아지의 세상 읽기

이장님 오셨다
우리 집 강아지 사정없이 대든다

이빨 드러내고 눈 부라리며
잡아먹을 듯이

대통령인들 무서우랴
주인이 최고다

아버지의 병病

일하러 나간 아들 돌아오는 그 시간까지
잠 못 이루고 기다리는 건
아버지의 병病

나이 구십을 훌쩍 넘기고서도
아직도 고쳐지지 않는
아버지의 고질병痼疾病

죽음에 이르고도 절대 고칠 수 없는
세상에 어떤 치료약도 없는
아버지의 불치병不治病

하던 일손 잠시 멈추고서

여보, 마님! 하던 일손 잠시 멈추시고
엉터리 시 한 수 들어 보시게
방금 쓴 따끈한 시라네

바쁘니까 그냥 하던 일이나 하라고?
아니 그게 무슨 말씀이신가
시 듣는 일보다 일하는 게 더 중요하신가

일이 그렇게 좋으신가
쯧쯧, 마음의 여유가 없으시구먼
늘 시간에 쫓기며 살더니 아예 습관이 되셨구먼

일이 아무리 바빠도
살면서 시 한 수 정도는 들으며 살아야지
그래야 마음에도 윤기가 돌지

아니 그러한가
일만 하며 사는 인생 갑갑하지
돈만 보고 무작정 가는 길 허탈하지

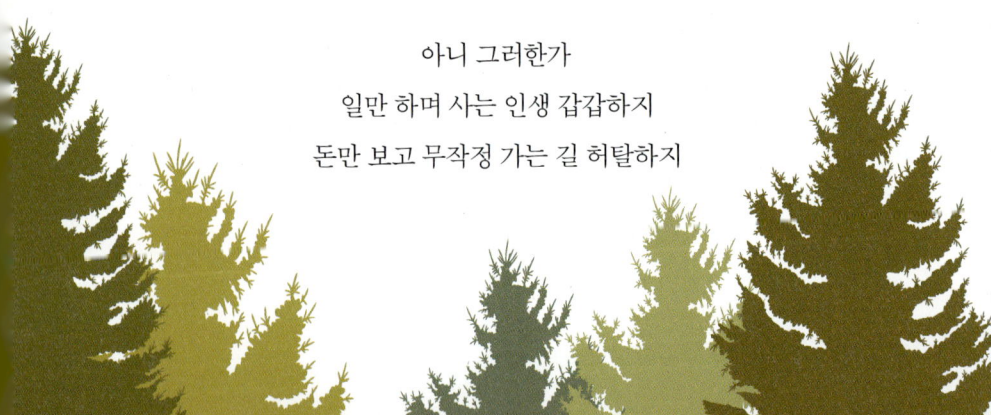

누군가 엉터리 시라도 한 수 들려준다면
제발 사양일랑 하지 마시게
못 이기는 척 일손 내려놓고 잠시라도 듣다 가시게

그 자리에서

그 자리에서
우리 같은 사람은 축에도 못 낀다
감히 명함도 못 내민다

그런 자리에서
우리 같은 사람은 소개는커녕
뒷자리에 겨우 끼어 어물거리다 오면 다행이다

그런 큰 자리에서
우리 같은 사람들은 그저
눈도장이나 확실하게 찍고 오면 아주 썩 잘한 거다

큰 죄

담장 너머로 날아온 축구공
황당함에 빠졌다

질주하는 차들이 놀라 멈추어 서고
긴 내리막길 이어져 있어 한참 굴러가야 한다

담 하나 넘어온 죄가 너무 크다
지옥이 담장 너머에 있는 줄 미처 몰랐다

버려진 것들

바닷가에 처박힌 채 삭아버린 폐선
여기저기 흔해빠진 삭지도 않는 폐타이어
후미진 골목길의 녹슬어 방치된 폐차
사람 그림자도 없는 인적 끊어진 쓸쓸한 폐촌
귀신도 무서워 떠는 을씨년스럽고 흉측한 외딴 폐가
.
.
.

먹을 것을 찾아 하염없이 떠도는 병든 유기견
아무도 관심 갖지 않는 끈 떨어진 폐인

버려진 것들은 다 슬프고 애달프다

어떤 의무

바다에 왔으면
회만 먹고 갈 일 아니다
철썩이는 파도소리 들어봐야 한다

한계령 휴게소 왔으면
떡볶이만 먹으며 보낼 일 아니다
눈앞에 펼쳐진 그림 같은 설악산 꼭 보고 가야 한다

군대 간 아들 면회 왔으면
하루 종일 넉넉하게 웃으며 보낼 일이다
세상없어도 오늘만큼은 웃음으로 살아야 한다

군대 간 아들 면회하고 왔으면
반갑고 고마웠던 마음과 행복한 기운으로
언제나 코웃음 절로 나는 활기찬 삶 쭉 이어가야 한다

발명

누가 좀 만들어다오
머리 파마 약
제발 좀 향긋하게 만들어다오

잠깐만 맡아도 시큰한 코
머리는 지근지근
저 역겨운 냄새를 없애다오

향긋하고 상쾌한 파마 약
만들려는 사람 아무도 없나 봐
그거 만들면 돈방석은 따 놓은 당상인데

누가 좀 만들어다오
이 아름답고 고운 세상에서
저 지겨운 냄새 제발 좀 몰아내다오

확실한 이유

핸들을 꼭 붙잡는 이유는
세상이 흔들리니 나도 흔들릴까 봐

안전벨트 꽉 매는 이유는
수시로 떠는 가녀린 마음 억수로 떨릴까 봐

규정 속도보다 빨리 달리는 이유는
언제나 남들보다 앞서가야 더 행복하니까

쉬지도 않고 목적지까지 내처 쭉 가야 하는 이유는
뭐든지 한 방에 끝내야 직성이 풀리니까

수납

날 흐린 초가을 날 긴 옷 걸쳤으나 햇살이 방긋
겉꺼풀 벗으니 나타난 빨간색 티셔츠
버스 기다리는 동안 점점 더워져
그것도 훌렁 벗으니 시원하게 드러난 흰색 나시
순식간에 한여름 복장으로 탈바꿈한 패션

벗은 옷가지들은 하나씩 커다란 가방 속으로 수납
인생은 전부 수납으로 이루어지는 것
일한 대가로 월급을 수납하고
평생 사랑한 죄로 수많은 열매들을 거두고
마침내 언젠가는 땅속으로 하늘로 수납 되는 인생

오랜 사랑

구순 넘어 홀로 되신 아버지
오늘도 열심히 땀 흘리며 일하시는 이유는
아마도 엄마 생각 때문일 거야

언제가 될지는 몰라도
하늘 올라가는 그 벅찬 날까지
엄마를 가슴에 새기고 있기 때문일 거야

둘이서 같이 땀 흘리며 씨 뿌리고 수확하던
숱한 나날들 잊을 수 없어
그 기억 오롯이 더듬으려 하시는 거야

늘어나는 주름살과 휘어지는 등을 보며
더 좋은 것 나누지 못하고 고생만 숱하게 시킨 것 같아
그 미안함 달래려고 애쓰시는 거야

펑크

너도 빵구 났구나
겉모양은 멀쩡하지만
저리도 속은 상해 있구나

바람 빠진 바퀴처럼
김빠진 맥주처럼
따스한 정 다 빠져나갔구나

어디 너와 나뿐이랴
펑크 나고 김빠진 사람들이
온전한 사람 별로 없는 이 세상에서

부서진 꿈

시시한 바람도 한 점 없는 맑은 허공에
잠자리 한 마리 걸려 있다
거미줄과 거미는 꼭꼭 숨어 보이지도 않는다

솜사탕 같은 흰 구름 몇 점 박혀 있는
푸른 하늘을 배경으로
덩그러니 작은 잠자리 한 마리 고요히 잠자고 있다

더 높은 곳 찾아서 아름다운 비행 꿈꾸다
허공에서 생을 마감한 한 생명
모든 것을 초월한 모습으로 날개를 편 채 편히 쉬고 있다

속 타는 가을

물 주어야 했다
늦장마 뒤에 긴 가을 가뭄

콩꼬투리는 쭉정이가 되어 가고
김장채소는 크지를 못하고 빌빌댄다

고맙게도 이 한밤 단비가 내린다
하늘의 헤아림이 고마울 뿐

일거리 하나 줄어들었다
물 주어야 하는 수고로움 덜었다

나에게 주는 경고

'경고' 하면 노란 카드가 떠오릅니다
오늘 옐로카드 한 장 받았습니다

인생에 있어 어느 한 순간
어떤 일로 인하여 받는 옐로카드 한 장은
더 큰 분발을 위한 새로운 전기가 될 수도 있지만
더욱 깊은 좌절로 빠질 수도 있는 기로가 되기도 합니다

다른 누가 주는 것이 아닌
내가 나 자신에게 주는 경고 또는 주의
스스로에게서 받는 경고는 더욱 처절하고 아픕니다

다시는 그런 일 없도록
늘 가슴으로 경계하고 경계해야 할 일입니다

아쉬움

여든 바라보는 할아버지
흰머리 하나 없네

젊은 청년보다 더 검은 머리
세월이 비껴갔네

눈부신 흰머리라면 더욱
아름다웠을 것을

어둠보다도 진한 검은 머리
뽐내고 싶으신가

세월 앞에서도 늙지 않았음을
과시하고 싶으신가

세월에게 끌려가지 않겠다는
마음의 굳은 다짐인가

그런다고 세월을 이길 수 있으랴
가는 세월에 묻혀 가는 것도 기쁨인 것을

분양

분양은 아파트만 하는 것이 아니다
강아지도 분양을 한다

작은 강아지 여럿 철제 울타리에 갇혀
새 주인 기다리고 있었다

분양이라 써 붙인 커다란 검은 글씨 아래
가녀린 생명들이 한 물건으로 취급되고 있었다

어떤 사람을 주인으로 만나
어떤 운명에 처해질지도 모르면서

그 순한 물건들은 맑고 큰 눈망울 굴리며
보이지 않는 엄마를 애타게 그리워하고 있었다

분양 없는 세상은 어디에도 없다
새 집과 새 생명이 있는 한 분양은 영원하리라

횡재

새하얀 눈 위에 살포시 찍힌
아기 고양이의 귀여운 발자국이나
새들이 종종종 걸어간 흔적을 발견하는 일은
보석을 주운 듯 횡재한 기분이 든다

선연한 그 모습들을 카메라로 찍어
사진으로 남기는 순간은
마치 큰 보물이라도 얻은 듯 마음까지 설레느니
대박은 진정 복권으로만 터지는 게 아니다

부끄러운 하루

오늘 뜻깊은 72주년 광복절
아침부터 단비가 내렸다

정오 무렵 후배의 반가운 전화
만나서 커피 마시다 불현듯 떠올랐다

세수도 안 하고 나왔다는 것을
오랜만의 단비에 빠져 세수도 잊고 지냈다

무심히 빗속에 나간 즐거운 나들이
아름다워야 할 하루가 부끄러운 하루가 되었다

밥도 사랑도

밥도 굶으니
그리워지더라
한 끼 걸렀더니
먹고 싶더라

사랑도 안 하니
궁금하더라
일주일 넘겼더니
생각나더라

먹고 싶은 것
하고 싶은 것
아무리 채워도
끝이 없더라

비우고 또 비우고
끝없이 비워도
비워지지 않더라
없앨 수도 없더라

불쌍하더라
욕심 채우려 바둥바둥
안달하는 네 모습

가상하더라
욕심 비우려 오늘도
애쓰는 네 마음

빈손으로 왔다
빈손으로 가더라
그게 우리 인생이더라

당연한 현상

일은 하나도 안 하고
먹는 자리에 빠지지 않는 건
무슨 현상인가?

일 못하는 내가 묻자
허 허 허
옆 사람 웃으며 받는다

그런 건 바로
당연한 현상이여!

잔향

여인은 모르리
자신이 남기고 간 향내를

그 향취에 취해서
한 남자 몽롱하게 하루를 보냈음을

나는 나비다

빨간 장미 소담하게 핀
흰색 화분을 가게에 들여놓았다

작아서 손님 맞는
테이블 위에 올려놓았다

가게에 봄기운이 가득 퍼져
심장박동도 온화해졌다

꽃을 모르던 내가
언제부턴가 꽃을 좋아하게 되었다

장미들 지고 난 그 자리에
화사한 분홍빛 국화를 들여왔다

마음도 싱숭생숭한 봄날에
국화를 볼 수 있다니 기쁨이 두 배다

화분 파는 꽃 가게 앞을
그냥 지나치지 못하는 나는 나비다

엄마 고추장

밥상 위에 올라 있는 고추장
볼 때마다 먹을 때마다
엄마 생각난다

엄마가 담근 고추장으로
밥을 비벼 먹고
그 힘으로 살았다

이제 그 맛있는 고추장을
더 이상 먹을 수 없다
하늘나라 가야만 먹을 수 있다

빨갛게 익어 색깔도 곱고
적당히 매워서
정신도 얼얼했던 엄마 고추장

그 빨간 빛깔이 손에 잡힌다
그 매운 맛이 그립다
따스했던 엄마의 정이 사무치게 그립다

제3부

평생을 두고 멀리한 것

먼지 한 점

흰 먼지 한 점이 움직인다
불면 날아갈 것 같은
거미 한 마리

저 작은 먼지가
살아 숨 쉬는 생명이라니
놀랍고 신비롭다

저놈에게도 생각하는 머리가 있고
무엇을 보고 들을 수 있는
눈과 귀도 있겠지

아까부터
어디를 가는 것인지
부단히 움직이는 모습이 애절하다

보이지도 않는 발을 옮겨
발가락을 꼼지락거려
한 걸음 한 걸음

얼마큼 먼 거리인지 몰라도
쉬지 않고 갈 것이다
멈추지 않고 갈 터이다

저 하찮은 작은 생명에게도
위험을 무릅쓰고
기필코 도착해야 할 목적지가 있다

세상에 태어나 존재하는
분명한 뜻이 있다
살아내야 할 위대한 신비가 있다

뻥쟁이

포천 오일장
내 눈은 여자만 찾는데
우리 마님은 옷 구경만 한다

차라리 남자들이나 보고 다녀라
사지도 않을 옷 구경하느니

속으론 고마우면서
겉으로는 큰소리 뻥뻥 치는
나는야 뻔뻔한 뻥쟁이

제3부 평생을 두고 멀리한 것

싹수

하는 꼴을 보니
너도 부자 되긴 글렀다
싹수가 노랗다

귀한 돈 들여 산 복권
호주머니 속에서 썩고 있다
지급 기한 넘긴 지 오래

당첨 확인도 안 할 거면
뭐 하러 복권을 사노
그래서 부자 잘도 되겠다

그래도 대박 맞고픈
마음은 있어서
가끔씩 사기는 하는가 봐

싹수가 애초에 틀렸으니
부자 될 생각은 꿈도 꾸지 마라
너하곤 거리가 멀다

제3부 평생을 두고 멀리한 것

기다림

얼마나 더 많은 세월 지나야
좀 더 순해지겠느냐

얼마나 더 많은 시련 겪어야
활짝 마음을 열겠느냐

얼마나 더 큰 일 저질러야
그 마음 다잡겠느냐

얼마나 더 많은 것들을 잃어야
너 자신 되돌아보겠느냐

얼마나 더 상처를 입어야
비로소 정신머리를 차리겠느냐

제3부 평생을 두고 멀리한 것

엿 먹기

지금까지 살아오면서
얼마나 많은 엿을 먹었을까

고물과 바꿔 먹은 어린 시절 엿가락부터
누구의 엿 구멍이 더 큰가 내기하던 엿치기도 생각난다
짤랑짤랑 엿가락 장단에 혼이 빠진 적도 있었지

지천명 넘어서도 여전히 엿을 먹는다.
끝나지 않는 엿의 행진
진군나팔은 언제쯤 멎을까

넌 엿 먹지 마라

제 3 부
평생을 두고 멀리한 것

가능성 제로

슬픈 말이다

그러나 불가능은 없다

제3부 평생을 두고 멀리한 것

감투

분수에 넘치는 감투는
비극을 부른다

부족한 능력으로
일하려니

힘겨울 수밖에
소리만 요란할밖에

제 3 부

평생을 두고 멀리한 것

만족하며 살기

당신
내 키 크지 않은 걸
다행으로 알어

내 키가 조금만 더 컸으면
여러 사달 났을 거야
키 작은 걸 고맙게 알어

당신
내 가진 것 적은 걸
행복으로 알어

내가 가진 것 많았으면
일 꽤나 저지르고 다녔을 거야
없는 걸 고맙게 알어

당신
내 얼굴 잘나지 않은 걸
기쁨으로 알어

내 외모 출중했으면
십중팔구 바람둥이 되었을 거야
못난 걸 고맙게 알아

찬란한 이유

새끼가 새끼를 낳았다
태어난 지 1년도 안 된 강아지가
그 추운 겨울날 새끼를 네 마리나 낳았다
어엿하고 당당한 어미 되었다

그것이 어디
네가 원한 일이었겠느냐마는
놀라기는 우리도 마찬가지였다
배부른 것도 몰랐으니 기절초풍할 노릇이었다

본능이란 것이
그토록 무서운 것이었구나
때가 되면 저절로 그리되는 것을
신의 섭리를 그 무엇이 막을 수 있었으랴

나고 죽는 모든 일이
다 하늘의 거룩한 뜻이거늘
그 이른 나이에 네가 어미 된 것도
다 하늘이 너를 내신 찬란한 이유이거늘

제 3 부

평생을 두고 멀리한 것

나의 바람

나 살아생전
가장 좋은 것들과는 거리를 두며 살리라

언제나 한 등급 아래 것에 관심을 두며
그것으로 만족하며 살리라

소박하고 검소하게 살아가리라
보다 단순하고 간소하게 살아가리라

누리는 삶이 아닌 나누는 삶을 살리라
끝까지 물질의 길이 아닌 정신의 길을 가리라

1등과는 분명한 거리를 두며 살리라
2등이건 3등이건 등수에 상관없이 살리라

설령 꼴등이라 해도 그게 내 운명이라면
기꺼이 즐겁게 받아들이며 고마운 마음으로 살리라

평생을 두고 멀리한 것 제3부

코리안 타임

너도 똑같은 놈이다
시간 안 지킨다고 남 흉볼 거 아니다
너도 약속시간 어기지 않았느냐

남들이 안 지킨다고 너까지 그러느냐
너만이라도 남들과는 달라야 하지 않겠느냐
약속 안 지키는 것이 무슨 벼슬이더냐

코리안 타임은 언제나 없어질까
뿌리 뽑기 힘든 우리 사회의 고질병
고칠 생각 전혀 없는 자랑스러운 우리의 고유문화

오죽하면 이름이 코리안 타임일까
이참에 아예 전 세계로 수출을 하는 건 어떨까
대박 아니면 쪽박 둘 중의 하나겠지만

제3부 평생을 두고 멀리한 것

자격

얼굴에 앉은 모기
손바닥으로 비빈다

영리한 놈 날아가고
미련한 놈 뭉개어진다

제 한 목숨 간수도 못 하는
어리석은 놈

세상 살 자격 없다

제3부 평생을 두고 멀리한 것

무관심

읽지도 않네
보지도 않네
쓰지도 않네
관심도 없네

시간이 아깝네
손이 부끄럽네
눈이 아프네
마음이 멍드네

제3부 평생을 두고 멀리한 것

복권 맞으면

복권 맞으면
인생이 바뀐다고

대한민국 남녀노소
모두 나섰네

웬 거지 사촌들이
이리 많은가

돈벼락이 화근인 걸
아는지 모르는지

나도 그중의 하나
부끄럽기 짝이 없네

누르기

인생은 누르기다

누르고 눌러서
수많은 누름들이 쌓이고 쌓여서
인생이 이뤄지는 거다

기분을 누르고
욕심과 성냄을 누르고
하늘과 땅과 바다를 누르고

마음으로 현실을 누르고
이성으로 욕망을 눌러야만 하는 것이
우리네 인생이다

돈을 누르지 못해 마음이 아프고
성공을 누르지 못해
가슴이 쭉쭉 찢겨져 나간다

사랑을 누르지 못해 그리움이 우는데
우는 너를 무엇으로 달래나
나도 나를 누르지 못해 이렇게 속만 타는데

별천지

사람보다 개가 낫다
개만도 못한 사람이 없는
그런 세상 있을까

그건 법 없는 세상
하늘나라에나 있을 천국
한마디로 별천지

세상이 뒤집어져 딴 세상 되어도
아마 개새끼라는 욕 하나는
영원히 존재할 거다

사람이란 동물이 살아 있는 한

평생을 두고 멀리한 것

제 3 부

낭송의 낭만

어쩌다 친구 여럿 모이면
술만 먹을 게 아니라
시도 한 수 낭송해야 하는 것 아닌가

부어라 마서라 알코올만 섭취하면
정신은 몽롱 몸은 해롱해롱
길이 벌떡 일어나 인사를 하지 않던가

적당히 취기 올랐을 때
멋들어지게 시 한 수 낭송하면
분위기도 고조되고 이 아니 좋을 쏜가

하지만 그러려면 흥이 있어야지
시와 문학에 대한 작은 이해 뒷받침되어야지
낭송의 맛과 낭만 조금은 알고 있어야지

혼자만 즐거우면 무슨 소용인가
모두가 모른 척 외면하면 무슨 의미 있나
시에 취하면 술도 순해지는 걸 그대 왜 모르시나

제3부 평생을 두고 멀리한 것

조임

우리는 늘 조임 속에서 산다
넥타이로 목을 조이고
돈과 사랑으로 세월을 조인다

빠진 정신을 바짝 조여서
긴장이 항상 팽팽하게 만들고
늘어진 기운도 옥죄어 붙들어 매야 한다

풀어진 것은 용서 받지 못하는 세상
생을 마감하는 그 순간까지
끝없이 조임은 이어져야만 한다

조이고 또 조여서
한 치의 오차나 빈틈도 없이
확실하게 단속하며 살아야 한다

가뜩이나 숨 막히는 세상에서
움치고 뛰기도 힘들다
아, 숨 막혀!

제3부 평생을 두고 멀리한 것

평생을 두고 멀리한 것

평생을 두고 멀리한 것이
거짓과 불량이었다

어쩌면 타고난
천성인지도 모르겠다

살면서 얼마쯤은
거짓말도 해 봤으리라

하지만 불량 그것만은
지금까지도 용납이 안 되어

이렇게 마음고생을 하며 산다
불량하지 않기가 얼마나 힘든 일인지

선택

의義의 길과 이利의 길

네 길은 어디냐

의의 길은 험난하고

이의 길은 달콤할 것이다

너는 어느 길로 갈 터이냐

강아지도 아프다

발자국 소리만 들려도 쪼르르 나오던
강아지가 꿈쩍도 않는다 불러도 나오지 않는다
날씨가 너무 추워서 그런 줄 알았다
어디가 아파서 그럴지도 모른다는 생각은
꿈에도 못 했다

오늘 아침은 어제보다 더 추웠으나
강아지 쪼르르 나와 반긴다
그래 그랬었구나
어디가 아파서 그랬던 거구나
미련하고 무식한 주인은 그런 것도 모르고

말도 못하는 녀석
얼마나 아프고 괴로웠을까
몸은 아픈데 주인은 자꾸 나오라고 불러쌓고
정말 죽을 맛이었겠지
미안하다 미안하구나

아픈 것 몰라서 정말 미안하구나

김장의 힘

우리가 이렇게 모질고 추운 겨울을
견딜 수 있는 것은
어쩌면 김장의 힘일지도 몰라

익어가는 김장의 깊은 속 맛을 보면서
그 맛에 감동하면서
혹독한 겨울을 이겨내는 거야

아무리 매운 강추위가 위세를 떨쳐도
따듯한 온기가 도는 방 안에서
잘 익은 김치 맛으로 힘든 겨울 넘기는 거야

어느덧 김치는 농익어 묵은지로 변해 가고
곰삭아 깊게 우러나는 감칠맛에 녹아들어 가며
긴 겨울과 함께 우리 인생도 향기롭게 익어가는 거야

바람

그런 거 말고
다른 것도 좀 보채 봐

어쩌다 한 번은
코맹맹이 소리도 좀 내 봐

매일 볼멘소리만 하지 말고
코웃음 나게 마른 칭찬도 좀 해 봐

제3부 평생을 두고 멀리한 것

1 / 11

1 / 7,000,000,000

1 / 5,000,000,000

1 / 56,000,000

1 / 11,500,000

1 / 160,000

1 / 50,000

1 / 11

1 / 2

1 / 1

1

제3부 — 평생을 두고 멀리한 것

강아지에게

나도 물고 싶어
나도 꽉 물어 보고 싶어
네가 나를 마음껏 물었던 것처럼
나도 너에게 무는 게 얼마나 무서운 것인지
물리는 게 얼마나 큰 아픔인지를 깨닫게 해주고 싶어

물린 상처에 피가 맺히고
그 자국에 딱지가 앉을 때까지
오래도록 불그스레한 모양으로 흔적이 남아
그 상처 볼 때마다 시리고 아프도록
꽉 꽉 물어주고 싶어

대한민국은

대한민국은 참 좋겠다
대통령감 많아서

대한민국은 정말 복 받은 나라다
애국자 가득 넘쳐흐르니

대한민국은 겨울에도 춥지 않겠다
분노와 적의로 온 누리가 부글부글 들끓으니

대한민국은 정말 풍요로운 나라다
저마다 모두 여행가 사진작가 시인들이니

제3부 평생을 두고 멀리한 것

함부로 생각한 죄

너에 대하여 아는 것
하나 없으면서
내 맘대로 추측해 미안하다

단지 분위기로만
느낌으로만 파악해서
그럴 것이라고

내 멋대로 생각하고
단정 지어서
정말 미안하구나

내 생각과 추측이
무조건 잘못됐음을 사과하며
뒤늦게 용서를 구한다

이제 언제 또다시
너를 만날지
기약도 할 수 없다만

부디 네가 어디에서건
늘 건강하고 행복하기만을
두 손 모아 작은 마음으로
기원한다

제3부 평생을 두고 멀리한 것

고마운 입

누구는 그동안 마신 술병을 늘어놓으면
그 길이가 상당해서 한 얼마쯤은 된다고 하던데
난 먹은 술 적으니 그런 건 없고

지금까지 내가 먹은 닭 몇 마리나 될까
먹어치운 소와 돼지 얼마나 될까
바다에서 놀던 물고기와 멍게 미역 등 수산물은 또

사람이 살려면 얼마나 먹어야 하는 건지
그 종류와 분량에 놀라게 된다
지금까지 먹은 각종 음식 알 수 없고 셀 수 없다

하나뿐인 입이 그 일 감당하느라
말 못 하는 고생 억수로 심했을 것이다
묵묵히 수행해 온 입에게 마음으로 감사한다

입은 열심히 먹기만 했을 뿐 정작 맛은 혀가 즐겼다

제3부 평생을 두고 멀리한 것

살의

건전한 스포츠의 마당인 야구장에도 살의가 있다
마음에 안 드는 타자를 향한 고의 강속구
몸을 맞히기 위한 안간힘이 느껴진다

몸 어디에라도 맞으면 큰 부상으로 이어질 수도 있는데
그런 것 따위엔 마음 쓰지 않는다
보복 차원의 투구라 온 힘을 다해 던질 뿐이다

혹 머리나 얼굴에 맞는다면 어떻게 될까 끔찍하다
일부러 타자를 맞힌다는 것 얼마나 비열한가

살인행위가 될 수도 있는 일을 아무렇지 않게 벌이는 곳
정정당당 승부를 가리는 야구장에 오늘도 살의가 번득인다

어떤 시련

마누라가 출장 갔다

나흘 후에나 돌아올 것이다

그동안 목숨 부지하는 일이 관건이다

잘 버텨야 할 텐데

남아 있는 날들이 아득하기만 하다

1년 만에 또다시 맞이한 독수공방

시련인지 달콤함인지 고달픔의 연속이다

시평

　강돈희 시인은 벌써 일곱 번째 시집을 펴내는 노련한 시인이다.
　일곱 번의 시집을 만들면서 그는 무슨 생각을 했을까.
　비록 그의 속을 전부 알 수는 없지만 그의 시가 발전하고 있음은 분명히 알 수 있다.
　편집에 앞서 그의 시집 세 편을 미리 볼 기회가 있었다.
　특히 다섯 번째와 여섯 번째 시집인 『아버지는 역사다』와 『거꾸로 도는 아침』은 그의 세계를 이해하는 데 큰 도움이 되었다. 전작에서부터 그는 편안하고 때로는 위트 있게 코믹한 분위기를 자아내며 자신만의 깨달음을 전하려 한다. 그리고 그 특징은 이번 『가을비 지나간 뒤』에서 더욱 도드라진다. 독특하고 짧은 형식이 주를 이루며, 시집에 실리지는 못했지만 일본의 하이쿠를 닮은 형식의 시를 시도하기도 했다. 언제나 새롭고 도전적이며, 독자에게 읽히는 것은 더욱 쉽도록 발전하는 것이 그의 시다,

그의 시는 전체적으로 편안하고 쉽게 읽힌다는 특징이 있다. 그러나 쉽게 읽힌다는 것이 쉽게 쓰이고 적당한 말로 얼버무린 시라는 뜻은 아니다.

칼릴 지브란은 "시는 번개 같은 섬광이기에 어휘의 배열로만 끝날 때는 단순한 작문에 불과하다."라고 했다. 강돈희 시인의 시는 곱씹어 볼수록 깊이가 있는 시다. 어휘의 배열로만 끝나는 작문이 아니라 번개 같은 섬광 속에서 피어난, 참을 수 없는 불꽃 같은 감정 속에서 피어난 시라는 것이다.

편안하지만 깊이가 있는, 그러면서도 시인이 어느 순간에 시를 쓰고 싶은 욕구를 주체할 수 없었는지 천천히 와 닿아, 유치환 시인의 "시란 쓰지 않고는 못 배길 때 쓰는 것"이라는 말처럼, 바로 강돈희 시인의 시는 쓰지 않고 못 배길 때 쓴 불꽃 같은 시라고 할 수 있다.

시간이 지나며 점점 수사법은 단순하고 간단해지지만 그 속에 담기는 감정과 연륜의 골짜기는 한없이 깊어지는 것이 느껴진다. 그리고 그 새로운 단계를 밟은 것이 바로 이번 일곱 번째 시집, 『가을비 지나간 뒤』라고 할 수 있다.

그의 시 중에는 특히나 단순하고 쉽게 지나칠 수 있는 주제에서 삶의 진리를 깨닫곤 하는 경우가 있다. 다음의 시를 보자.

큰 죄

담장 너머로 날아온 축구공
황당함에 빠졌다

질주하는 차들이 놀라 멈추어 서고
긴 내리막길 이어져 있어 한참 굴러가야 한다

담 하나 넘어온 죄가 너무 크다
지옥이 담장 너머에 있는 줄 미처 몰랐다

    얼핏 보면 마치 동시처럼 보이기도 한다. 단순히 상황만 놓고 보자면 그저 축구 중에 담장 너머로 날아간 축구공을 가져오기가 힘들었다는 표현일 뿐이다. 그러나 그 속에 담긴 감정은 어떠하며, 그 속에서 그가 느낀 세상은 무엇이었을까?
    그의 축구공은 일종의 나비효과를 일으킨다. 그저 축구공이 담장 밖으로 굴러갔을 뿐인데 누군가 던진 물음에 세상 사람들이 갑자기 생각을 멈추고 자기를 보며 놀라는 것처럼 질주하던 차들이 놀라서 멈추어 서기도 하며 그 공이 굴러갈 곳이 어딘지도 모른 채 한참을 굴러가야 한다. 그리고 그는 거기서 담장 너머의 지옥을 본다. 함부로 내디딜 곳이 아닌 담장 밖의 세상은 그에게 지옥이었으며, 가정에서 세상으로 나서는 우리 모습을 떠올리게 한다.

버려진 것들

바닷가에 처박힌 채 삭아버린 폐선
여기저기 흔해빠진 삭지도 않는 폐타이어
후미진 골목길의 녹슬어 방치된 폐차
사람 그림자도 없는 인적 끊어진 쓸쓸한 폐촌
귀신도 무서워 떠는 을씨년스럽고 흉측한 외딴 폐가
먹을 것을 찾아 하염없이 떠도는 병든 유기견
아무도 관심 갖지 않는 끈 떨어진 폐인

버려진 것들은 다 슬프고 애달프다

이어서 나오는 「버려진 것들」에서는 시각적인 이미지가 시의 전체적인 분위기를 지배한다. 누가 보아도 을씨년스러운 분위기는 읽는 사람으로 하여금 쓸쓸한 흑백영화 같은 느낌을 자아낸다. 누가 보아도 흉가에 가까운 이미지이지만 공포감보다는 쓸쓸한 느낌이 다가온다. 이번 시집에 수록된 시에서 많이 느낄 수 있는 감정이다.

그런 중에도 가볍게 분위기를 살리며 은근히 미소 짓게 하는 시도 있다.

발명

누가 좀 만들어다오
머리 파마·약
제발 좀 향긋하게 만들어다오

잠깐만 맡아도 시큰한 코
머리는 지근지근
저 역겨운 냄새를 없애다오

향긋하고 상쾌한 파마 약
만들려는 사람 아무도 없나 봐
그거 만들면 돈방석은 따 놓은 당상인데

누가 좀 만들어다오
이 아름답고 고운 세상에서
저 지겨운 냄새 제발 좀 몰아내다오

　마치 술자리에서 가볍게 농담 던지듯 슬쩍 다가오는 그의 시어는 마치 원래 곁에 있었던 것처럼 편안하고 쉽게 읽힌다. 일부러 형식을 차리거나 일부러 고상한 시어만을 고르지 않고 가볍고 편한 일상적인 시어가 그의 시를 이루고, 우리는 그의 시에 공감하며 때로는 웃고 때로는 가볍게 읽어 넘긴다. 그리고 시간이 지나면 다시 기억의 저편에서 떠오르기 시작한다. 파마약 냄새를 맡으며 문득 떠올라 실소하다가 세상을 바라본다. 파마약과 같은 일들이 보이고 그의 시를 다시 곱씹게 된다. 저 일들을 한 번에 처리할 수 있다면 얼마나 좋을까. 그리고 다시 현실로 돌아온다.

그의 시는 이처럼 짧은 감상과 긴 여운을 동반한다. 읽고 나면 고개가 끄덕여지고 입가에 웃음을 머금게 하면서도 날카로운 인생의 경구가 있다. 그의 지혜는 코믹하다. 전 예술인동우회장이셨던 방초 이석구 선생님이 쓰셨던 발문에서도 나오는 말이다. 짧을 때는 한없이 짧게, 길어도 두 페이지가 넘지 않는 그의 시는 편안하면서도 진중하게 다가온다. 사진가로서의 삶을 먼저 살았기 때문일까, 그의 시는 여전히 시각적이며 선명하면서도 깊은 여운을 일으킨다.

가볍고 편안한 시어 속에 깃든 그의 서정성과 인생의 깨달음은 아흔네 편의 시 속에서 모래알갱이 속의 금가루처럼 반짝이며 우리를 새롭고 맑은 세계로 인도할 것이다.

편집작가 **심현우**

출간후기

마주할수록 조금씩 더 맑아지는 좋은 시로
행복과 긍정의 에너지가
팡팡팡 샘솟으시기를 기원드립니다!

| 권선복
도서출판 행복에너지 대표이사
영상고등학교 운영위원장

좋은 시는 마주할수록 읽는 사람의 마음을 맑게 합니다. 세상을 바라보는 시선이 맑아지고, 좀 더 순수한 마음으로 사물과 타인을 대할 수 있게 됩니다. 그리고 시인은 그러한 시를 쓰기 위해, 더욱 좋은 시가 있는 단계로 나아가기 위해 노력합니다. 그리고 우리는 천천히 단계를 오르는 시인의 맑은 마음을 전하는 시로 시인의 눈에 비친 세상을 봅니다. 마침내 우리는 시를 통해 맑아지는 마음을 느끼고, 도전을 멈추지 않는 저자와 함께 걸음을 옮깁니다.

책 『가을비 지나간 뒤』는 이렇게 독자들에게 더욱 좋은 시를 보

여주기 위해 저자가 빚은 노력의 결실이자 저자의 시가 새로운 단계로 들어갔음을 알리는 이정표입니다. 저자의 눈에 비친 세상은 때로는 아련하고 때로는 즐겁고 기쁘며 때로는 아쉽고 안타까운 세계입니다. 저자는 "가을비 내리는 11월의 청성공원 / 그곳의 정취에 아무 관심이 없으시군요"로 시작하는 「가을비 지나간 뒤」에서 쓸쓸함과 애절함, 감추어 두었던 마음과 숙연했던 시간들, 청아했던 낭송과 꼭 잡았던 손에서 놓쳐버린 소중했던 시어들을 알아차리고 마음까지 텅텅 비어버리는 공허함을 느끼며 첫발을 뗍니다. 그러나 그는 멈추지 않고 조용히, 그리고 천천히 걸음을 옮겨 시의 단계를 높입니다. 저자의 시와 사진을 보다 보면 세상을 바라보는 우리의 시점도 함께 달라짐을 깨닫게 되며 한층 맑아진 마음을 느낄 수 있게 될 것입니다.

『아버지는 역사다』, 『거꾸로 도는 아침』 등 여섯 권의 시집으로 세상에 시인으로서의 이름을 알린 강돈희 저자의 새로운 도전에 큰 응원의 박수를 보내며, "2보 전진을 위한 3보 후퇴를 하게 될 수도 있을 것입니다. 하지만 그렇더라도 그 자리에 주저앉거나 멈추지는 않을 것입니다."라는 저자의 말처럼 그 자리에 주저앉지 않는 힘을 얻기를 바랍니다. 또한 저자의 선한 기운이 이 책을 읽는 분들의 삶에 널리 퍼져 모든 분들의 삶에 행복과 긍정의 에너지가 팡팡팡 샘솟으시기를 기원드립니다.

Happy Energy books

좋은 원고나 출판 기획이 있으신 분은 언제든지 **행복에너지**의 문을 두드려 주시기 바랍니다.
ksbdata@hanmail.net www.happybook.or.kr 단체구입문의 ☎ 010-3267-6277

하루 5분 나를 바꾸는 긍정훈련
행복에너지

'긍정훈련' 당신의 삶을
행복으로 인도할
최고의, 최후의 '멘토'

'행복에너지
권선복 대표이사'가 전하는
행복과 긍정의 에너지,
그 삶의 이야기!

★인터파크
자기계발 분야 주간
베스트 1위

권선복

도서출판 행복에너지 대표
영상고등학교 운영위원장
대통령직속 지역발전위원회
문화복지 전문위원
새마을문고 서울시 강서구 회장
전) 팔팔컴퓨터 전산학원장
전) 강서구의회(도시건설위원장)
아주대학교 공공정책대학원 졸업
충남 논산 출생

권선복 지음 | 15,000원

책 『하루 5분, 나를 바꾸는 긍정훈련 - 행복에너지』는 '긍정훈련' 과정을 통해 삶을 업그레이드하고 행복을 찾아 나설 것을 독자에게 독려한다.

긍정훈련 과정은 [예행연습] [워밍업] [실전] [강화] [숨고르기] [마무리] 등 총 6단계로 나뉘어 각 단계별 사례를 바탕으로 독자 스스로가 느끼고 배운 것을 직접 실천할 수 있게 하는 데 그 목적을 두고 있다.

그동안 우리가 숱하게 '긍정하는 방법'에 대해 배워왔으면서도 정작 삶에 적용시키지 못했던 것은, 머리로만 이해하고 실천으로는 옮기지 않았기 때문이다. 이제 삶을 행복하고 아름답게 가꿀 긍정과의 여정, 그 시작을 책과 함께해 보자.

『하루 5분, 나를 바꾸는 긍정훈련 - 행복에너지』

"좋은 책을 만들어드립니다"

저자의 의도 최대한 반영
전문 인력의 축적된 노하우를
통한 제작!
다양한 마케팅 및 광고 지원!

최초 기획부터 출간에 이르기까지, 보도자료 배포부터 판매 유통까지! 확실히 책임져 드리고 있습니다. 좋은 원고나 기획이 있으신 분, 블로그나 카페에 좋은 글이 있는 분들은 언제든지 도서출판 행복에너지의 문을 두드려 주십시오! 좋은 책을 만들어 드리겠습니다.

출간도서종류:
시·수필·소설·자기계발
일반실용서·인문교양서·평전·칼럼
여행기·회고록·교본·경제·경영 출판

도서출판 **행복에너지**
www.happybook.or.kr
☎ 010-3267-6277
e-mail. ksbdata@daum.net